Nadine Erler

Deutsche Klassiker

Band 22

Minna Canth - Nach Recht und Gesetz

Aus dem Finnischen übersetzt von Nadine Erler

GRIN Verlag

Bibliografische Information der Deutschen Nationalbibliothek:

Die Deutsche Bibliothek verzeichnet diese Publikation in der Deutschen National-
bibliografie; detaillierte bibliografische Daten sind im Internet über http://dnb.d-
nb.de/ abrufbar.

Impressum:

Copyright © 2012 GRIN Verlag GmbH
Druck und Bindung: Books on Demand GmbH, Norderstedt Germany
ISBN: 978-3-656-15289-7

Dieses Buch bei GRIN:

http://www.grin.com/de/e-book/190658/minna-canth-nach-recht-und-gesetz

Minna Canth

Nach Recht und Gesetz

Aus dem Finnischen übersetzt von Nadine Erler

Das Original erschien 1889 unter dem Titel *Lain mukaan* bei Weilin & Göös in Helsinki

I

Frau Toikka war immer noch schön und ansehnlich, obwohl sie drei kleine Kinder hatte, die altersmäßig jeweils nur anderthalb Jahre auseinanderlagen. Aber das war auch kein Wunder! Sie war gerade erst dreiundzwanzig geworden, und in diesem Alter verwelkt Schönheit nicht mit einem Schlag – vor allem dann nicht, wenn man sie ein wenig pflegt. Und Maria Toikka achtete auf ihr hübsches Gesicht und ihre schöne Figur, denn damit gewann sie alle für sich, besonders die Männer. Sonst hätte ihr Ville sie kaum so geliebt und wäre nicht mehr so aufmerksam zu ihr wie als Verlobter. Er war ab und zu schlechter Laune, aber das machte nichts. Maria ärgerte ihn manchmal beinahe absichtlich, denn sie fand es amüsant zu sehen, wie sie diesen gesunden und robusten Mann dazu bringen konnte, vor Aufregung außer sich zu geraten. Ville ist für einen Mann übrigens ungewöhnlich gutmütig, aber bei bestimmten Anlässen konnte er so wütend werden, daß seine Augen blitzten. Maria lachte innerlich und ließ ihn einen Moment lang schmollen. Dann setzte sie sich neben ihn, legte den Arm um seinen Hals, streichelte ihm die Wange – jene rauhe Wange – und lachte ihm seine schlechte Laune fort. Dieses Mittel wirkte immer. Ville zog sie so heftig an sich, daß niemand auf der Welt gewagt hätte, sich dazwischenzudrängen – und dann erdrückte er sie fast mit seinen stürmischen Liebkosungen.

Hätte ihr Mann sie auch so geliebt, wenn sie häßlich gewesen wäre? Natürlich! Er hätte sie gnädigerweise geduldet und sie schuften lassen wie eine Sklavin. Das sah man auch bei anderen Männern, die eine vertrocknete und vorzeitig gealterte Vogelscheuche zur Frau hatten.

Maria war auch besser gekleidet als die anderen. Die Leute beneideten sie deswegen, aber das störte sie nicht. Sie wären sicher selbst gern an ihrer Stelle gewesen. Auf der Straße blieben die Herren immer stehen, um sich nach ihr umzusehen, und wenn nicht zufällig Frauen mit Hut in der Nähe waren, riefen sie: "Himmel, was für ein schönes Mädchen!" Das amüsierte Maria immer und brachte sie zum Lachen. Sie zog ihr Kopftuch zurecht, warf einen Blick zurück und wußte, daß sie die Dummköpfe dazu gebracht hatte, ihr hinterherzulaufen. Mehr war nicht nötig, damit sie sie umschwirrten wie Motten das Licht. Und das fand Maria unterhaltsam! Sie lotste sie die eine Straße hinauf und die andere hinunter, schlüpfte dann schnell durch irgendeine Pforte und versteckte sich im Schuppen. Die Herren wurden verlegen,

2

wenn sie auf den Hof kamen und sie nicht mehr sahen. Sie sahen sich gründlich um, nahmen die Fenster in Augenschein und öffneten alle Türen, aber zu ihrem Ärger mußten sie schließlich ihrer Wege gehen, weil sie sie nirgendwo fanden. Dann erzählte sie Ville von ihrem Streich. Normalerweise störte Ville sich nicht daran, sie durfte die Dummköpfe ruhig ein bißchen hereinlegen – sie verdienten es nicht besser. Er lachte sogar herzhaft mit, vor allem, wenn es ein ihm bekannter Herr war, den Maria an der Nase herumgeführt hatte.

Nur einmal, als ihm eine Laus über die Leber gelaufen war, hatte er sich plötzlich aufgeregt und kaum noch beruhigen können. Es war im letzten Herbst gewesen. Maria war beim Fabrikanten Oppman und half bei der Kartoffelernte. Sie wurde gut bezahlt, besser als die anderen, denn sie war eine "tüchtige Arbeitskraft", wie der Gutsherr sagte. Er selbst stand dabei und sah zu, wie Maria mit dem Fuß den Spaten in die Erde stieß, die Wurzeln zutage förderte und sich dann bückte, um die Kartoffeln aufzusammeln und in den Korb zu legen. Es war nicht ihre Arbeit, die er bewunderte, das wußte Maria nur zu gut. Sie sah es in seinen kleinen, glühenden Augen, obwohl sie so tat, als merke sie nichts und sich völlig unschuldig gab, wenn der Gutsherr versuchte, sich an sie heranzumachen.

Die Zeichen wurden deutlicher, aber Maria hörte weg. Sie wollte den Gutsherrn nicht durch eine Zurückweisung beleidigen, denn dann hätte sie vielleicht keine so gute Bezahlung mehr bekommen.

Und sie brauchten dringend Geld. Villes Einkommen reichte nicht mehr, seit die Familie Zuwachs bekommen hatte. Sie waren schon im Frühling knapp bei Kasse gewesen. Die Kinder waren krank, und Ville hatte wochenlang keine Arbeit gehabt. Da war das Leben schwer gewesen. Maria litt still vor sich hin und bereute ausnahmsweise, daß sie so früh geheiratet hatte. Welcher Teufel hatte sie geritten, als sie schon mit achtzehn geheiratet hatte? Als hätte sie nicht auch so ihren Spaß haben können!

Dann waren sofort die Kinder gekommen – und mit ihnen Kummer und Sorgen. Andere in ihrem Alter flatterten von einem Vergnügen zum nächsten. Nur sie wußte nicht, wie es war, jung zu sein.

Über solchen Gedanken hatte sie damals gebrütet. Aber der Sommer kam, die Kinder wurden gesund, und Ville fand wieder Arbeit. Sie litten keine Not mehr. Maria kaufte sich neue Kleider und war bald wieder so guter Laune wie früher. Trotzdem schreckten Armut und Not sie seitdem mehr als die Pest. Sie schob den bloßen Gedanken, daß es sie wieder treffen könnte, weit von sich.

War es ein Wunder, daß sie nun liebend gern Geld entgegennahm, wenn sie nur irgendwie an welches bekam. Sie bezahlte ein kleines heranwachsendes Mädchen dafür, daß es sich zu Hause um die Kinder kümmerte, damit sie selbst zur Kartoffelernte konnte, obwohl sie dabei noch nicht ahnte, daß sie so ein Talent dafür hatte. Die anderen bekamen nur eine Finnmark am Tag, sie dagegen anderthalb. Natürlich grinsten die alten Weiber und blinzelten einander hinter ihrem Rücken und dem des Gutsherrs zu, und sie konnte sich lebhaft vorstellen, was sie dachten. Es ärgerte sie, und sie hätte die beiden am liebsten geohrfeigt. Aber dem Gutsherr konnte sie nicht aus dem Weg gehen. Was war schon dabei, daß er ein paar harmlose Spielchen spielte und immer in ihrer Nähe herumstand, solange er nicht mehr versuchte!

Sie erschrak allerdings eines Tages, als der Taugenichts vorschlug, daß sie am späten Abend mit auf den Puijo-Hügel kam. Und es wurde brenzlig, weil Maria mit ihm in der Mitte saß. Sie versuchte anfangs zu lachen und die Sache ins Komische zu ziehen, bekam aber Angst, als der Gutsherr immer leidenschaftlicher wurde.

"Herrgott, seien Sie still, sehen Sie nicht, daß alle uns anschauen? Gehen Sie bitte, Gutsherr."

"Versprichst du, zu kommen? Dann gehe ich sofort."

"Das dürfen wir nicht!"

"Ich erwarte dich dort im Wald, beim Sprengstofflager."

"Sehen Sie mich nicht an! Gehen Sie ein Stück weg!"

"Um Punkt acht Uhr. Dann ist es schon dunkel. Ich pfeife, dann kannst du kommen."

"Lassen Sie mich in Ruhe, Gutsherr, bitte, lassen Sie mich. Was wollen Sie von mir, der Frau eines anderen Mannes – Sie haben doch noch andere!"

"Ich lasse dich nicht in Ruhe, hörst du, auch wenn du zehn Ehemänner hättest!"

"O großer Gott!"

"Sieh mal", er sah sich um, "das hier gebe ich dir als Anzahlung – "

Ein Zehnmarkschein fiel in den Saum von Marias Kleid.

"Gott bewahre! Das kann ich nicht annehmen, nehmen Sie es zurück, oh – nun sehen es die anderen, sie sehen es – " Sie bückte sich und grub mit Feuereifer Kartoffeln aus. "Nehmen Sie das Geld zurück, Gutsherr, ich lasse es auf den Boden fallen. Machen Sie es so, daß es die anderen nicht mitbekommen."

"Dann bleibt es eben liegen, wenn du nicht willst."

"Soviel Geld! Was denken Sie sich, lieber Gutsherr?"

"An dich denke ich."

"Soviel Geld. Werfen Sie es nicht weg."

"So etwas bekommst du, wenn du nett zu mir bist – und zwar jede Menge! Das hier war nur ein Vorgeschmack."

"Wer kommt da angefahren –? Herr im Himmel, Ihre Frau! Jetzt sitzen wir in der Klemme."

"Denk dran – acht Uhr!" Er wandte sich seelenruhig ab und ging wie der ehrenhafteste Mann der Welt seiner Frau und seiner erwachsenen Tochter entgegen, die gerade an der Pforte aus einer Kutsche stiegen.

"Papa, weißt du was – wir bringen euch Kaffee!" rief seine Tochter schon von weitem. "War das nicht eine gute Idee, Papa? Es ist mir eingefallen – Mama wäre nie darauf gekommen. Oder was meinen Sie, Mama?"

Die Frau lächelte nur und nahm den Arm, den ihr Mann ihr höflich bot. Lachend und redend schritten sie um den Rain des Feldes. Der Gutsherr war so fürsorglich zu seiner Frau und hob sie beinahe über den Graben. Man hätte sie für die glücklichsten Menschen der Welt gehalten.

Oh, was für ein infamer Kerl bist du! dachte Maria bei sich. Ihr Blick war auf den Schein gerichtet, der neben ihr auf der Erde lag. Sie nahm ihn und steckte ihn sich in die Tasche.

"Das darf nicht verschwendet werden", murmelte sie.

Aber es war merkwürdig, wie sonderbar ihr zumute wurde. Sie war sich selbst ganz fremd. Alle möglichen Gedanken oder vielmehr Bilder geisterten ihr durch den Kopf. Überall waren Zehnmarkscheine, wo sie auch hinsah. Und dann eilten ihre Gedanken in den Wald, auf den Puijo-Hügel und zum Sprengstoffkeller. Um sie herum war es dunkel, aber sie hörte einen Pfiff, im Gehölz knackte es und –

"Hu! Gott steh mir bei!" sagte sie laut.

Maria hatte Angst vor sich selbst, arbeitete wie besessen und versuchte, diese Gedanken zu verscheuchen. Aber sie kamen immer wieder, sie warf ab und zu einen verstohlenen Blick zum Waldrand, wo der Gutsherr mit Frau und Tochter saß. Die Frauen waren schön wie Engel in ihren schönen Kleidern.

Wie würde ich in so einem Kleid aussehen? fragte Maria sich, und ihr schwirrte der Kopf noch mehr.

Dann dachte sie an ihr Zuhause, ihren Mann und die Kinder. Sie bekreuzigte sich und beschloß, Ville alles zu erzählen. Danach war ihr leichter zumute. Sie konnte nun ganz gelassen zusehen, wie sie dort am Waldrand Kaffee tranken. Sie gaben auch den Arbeitern welchen, aber Maria lehnte ab, weil sie sich ihnen nicht nähern wollte.

Aber am Abend, als Ville von der Sache hörte, geriet er so in Wut, daß er sich gar nicht mehr beruhigen konnte. Er verfluchte den Gutsherr und hielt Maria eine Gardinenpredigt. "Du hättest ihm ins Gesicht spucken sollen! Daß du so ein Hasenfuß bist! Und nun muß man so etwas hören. Pfui Spinne!"

"Herrgott, was kann ich dafür! Ich konnte doch nicht von meiner Arbeit weglaufen!"

"Du hättest ihm ins Gesicht spucken können, wie ich schon sagte. Aber dir ist ja alles recht. Vielleicht braucht es gar nicht mehr viele Versuchungen, bevor du nachgibst."

"Ville!"

Maria wandte sich ab und errötete bis unter die Haarwurzeln. Sie lachte nicht mehr wie vorher und konnte die Sache nicht ins Komische ziehen, sondern ärgerte sich. Ein anderes Mal würde sie Ville nicht mehr alles erzählen, wenn er sich so anstellte. So dankte er ihr ihre Ehrlichkeit? Was, wenn sie wirklich auf den Puijo-Hügel gegangen wäre? Sie hätte behauptet, etwas in der Stadt erledigen zu müssen, und sich in den Wald geschlichen. Hätte Ville wohl etwas geahnt?

"Du gehst morgen nicht auf den Kartoffelacker dieses Mannes!"

"Soll ich stattdessen zu Hause sitzen?"

"Ja."

"Und was ist, wenn der Gutsherr mich holen läßt?"

"Das wird er nicht, dafür sorge ich. Her mit dem Zehnmarkschein!"

"Was willst du damit?"

"Kümmere dich nicht darum!"

"Ville, du willst hingehen und Krach schlagen? Das gibt ein schönes Theater! Oh, ich Unselige, daß ich dir den ganzen Blödsinn erzählt habe! Aber ich habe dich nicht für so verrückt gehalten – wirklich nicht!"

Maria brach in Tränen aus, während sie das Kind stillte, und Ville wurde milder gestimmt. Er schwieg für einen Moment, zog ein paarmal an seiner Pfeife und dachte nach.

"Du hast noch keinen Lohn bekommen?" fragte er, obwohl er ohnehin nur zu gut wußte, daß sie noch keinen bekommen hatte.

"Nein."

"Drei Tage bist du jetzt dort?"

"Ja."

"Das macht drei Finnmark pro Tag! Aber das hast du dir selbst zuzuschreiben. Wenn sie erst später zahlen, dann kommen beide Seiten mit weniger weg!"

Maria sagte nichts, aber sie war erleichtert, daß Villes Zorn sich legte. Das Kind war an ihrer Brust eingeschlafen, sie legte es leise in die Wiege. Dann gab sie dem Rest der Familie Abendbrot und machte die Betten. Ab und zu warf sie einen Seitenblick auf Ville, der am Tisch saß und wieder an seiner Pfeife zog. Die Augen starrten ins Leere und er sah aus, als sei er sehr beschäftigt. Maria zog sich aus und legte sich schlafen. Sie machte sich nicht die Mühe, ihn zu besänftigen. Er vergißt es sicher bald, dachte sie.

Sie schloß die Augen und begann sich vorzustellen, was sie alles gekauft hätte, wenn – wenn – ja, wenn jeden Tag Zehnmarkscheine auf diese Weise fallen würden wie heute. Natürlich wußte sie genau, daß das nicht mehr passieren würde, aber sie malte es sich trotzdem spaßeshalber aus.

Damit war die Sache erledigt. Ende März hatten sie sie schon fast vergessen, doch dann fiel sie ihnen aus einem bestimmten Grund wieder ein.

II

Es war Samstagabend. Maria putzte den Boden, und die älteren Kinder – die fast vierjährige Liisa und Mikko, der noch nicht ganz zwei Jahre alt war – versuchten, den kleinen Yrjö aufzuheitern. Aber der plärrte nur und wollte sich nicht beruhigen. Maria hockte auf der Türschwelle, bearbeitete den Fußboden, daß ihr der Schweiß auf die Stirn trat und schimpfte zwischendurch mit Yrjö.

"Hör auf zu brüllen! Pfui, so ein böser Junge. Muß Mutter dir erst einen Klaps mit dem Staubwedel geben, oder wie? Zeig ihm deine Puppe, Liisa."

"Nein, er macht sie kaputt", jammerte Liisa.

"Das tut er nicht, wenn du aufpaßt. Wein nicht, Fischchen!"

Aber als das "Fischchen" die Stimme seiner Mutter hörte, sah es sich veranlaßt, doppelt so laut zu brüllen. Die anderen fuchtelten herum und klatschten in die Hände, um ihn abzulenken, hüpften herum und trällerten Lieder. Es gab einen solchen Lärm, daß einem das Trommelfell platzte.

Maria hörte nicht, daß ein fremder Junge hereinkam, denn sie war gerade hinter der Tür und säuberte die Ofenecke.

Der Junge stand eine ganze Weile mit der Mütze in der Hand da und räusperte sich, bevor Maria ihn bemerkte.

"Oh, Herrgott, habe ich mich erschreckt!" rief sie und erhob sich aus ihrer knieenden Haltung. "Was gibt es? Still, Kinder, man versteht ja sein eigenes Wort nicht!"

"Gutsherr Oppman schickt mich, um Ihnen zu sagen, daß – "

Maria hörte nichts mehr. Sie lief rot an, und ihre Hand sank kraftlos herab. Wegen der zehn Finnmark ließ er jetzt nach ihr schicken?

"Ich höre gerade nichts. Mein Gott, Liisa, hör auf, wir brauchen dein Geschrei nicht. Was wollten Sie mir sagen?"

"Daß Ihr Mann zum Gutsherr kommen soll – er will mit ihm reden."

"Mein Mann ist bei der Arbeit."

"Dann soll er abends nach der Arbeit kommen."

"Ja, das richte ich ihm aus."

Der Junge ging. Maria hörte auf zu wischen und nahm Yrjö auf den Schoß. Die Sachen der Kinder blieben ungewaschen, und der Staub blieb liegen. Der Arbeitseifer verflog, und sie schaffte nichts mehr, als immer wieder zu grübeln: "Was in Gottes Namen will der Gutsherr von Ville?" Und sie konnte zu keinem Schluß kommen, ob es etwas Gutes oder Schlechtes bedeutete.

Sobald Ville in der Abenddämmerung von der Arbeit zurückkam und die Tür öffnete, rief Maria ihm schon entgegen: "Hör mal, mein Lieber, der Gutsherr hat jemanden hergeschickt, um dich zu holen!"

"Welcher Gutsherr?"

"Oppman, wer sonst!"

"Ach so. Was will er von mir?" Ville hängte ruhig seine Mütze an den Nagel.

"Nun, das weiß ich nicht. Das habe ich mich die ganze Zeit gefragt."

"Hast du nicht den Boten gefragt?"

"Daran habe ich gar nicht gedacht. Ich befürchte nur, daß er die zehn Finnmark zurückfordern will."

"Ach, die – ! Wahrscheinlich hat er die längst vergessen – aber vielleicht grämt sich der alte Geizkragen, daß ihm eine Stange Geld durch die Lappen gegangen ist." Ville lachte, als er daran dachte.

"Aber daß er ausgerechnet mit dir reden will..."

"Ja, wirklich – ! Nein, verdammt, er will bestimmt nicht die zehn Finnmark zurück. Er hat wohl etwas anderes im Sinn."

"Vielleicht bietet er dir eine Arbeit an."

"Das schon eher. Na, komm schon auf Vaters Schoß. Komm, komm!" Letzteres war – an Yrjö gerichtet, der mit ausgestreckten Händen darauf wartete, vom Knie der Mutter .gehoben zu werden

"Geh nur. Eigentlich bist du so ein böser Junge gewesen, daß du es nicht verdienst. Mein Gott, steck ihm nicht die Pfeife in den Mund, er wird noch krank! Na, lachst du jetzt, du Schlingel?" sagte die Mutter.

Die anderen Kinder hüpften um den Vater herum. Mikko wollte, daß sein Vater ihn auf dem Schoß reiten ließ.

"Dich, du großer Junge?" sagte der Vater. "Nichts da! Hüpf du lieber selber herum!"

Liisa wollte auch auf den Schoß des Vaters, aber sie bat nicht darum, weil sie begriff, daß es nicht ging. Yrjö hatte das Vorrecht – und nach ihm Mikko. "Großes Mädchen!" sagte ihre Mutter immer, wenn sie sagte, was sie wollte. Und nun fühlte Liisa sich schon uralt und fand, daß sie für die Jüngeren sorgen und Verantwortung übernehmen mußte.

"Nimm ihn mir wieder ab, damit ich zu Oppman gehen kann", sagte Ville, setzte Yrjö auf Marias Schoß und nahm seinen Hut.

"Bleib nicht so lange weg", rief seine Frau ihm nach.

III

Ville mußte einen weiten Weg zurücklegen, von der Neustadt bis zum Marktplatz, wo der Gutsherr wohnte. Unterwegs machte er sich einige Gedanken.

"Ich werde nicht für diesen Mann arbeiten, außer im äußersten Notfall, wenn ich nirgendwo sonst mehr Arbeit bekomme. Er soll ein solcher Wucherer sein... und gewissenlos... denkt sich alle möglichen Tricks aus, um sich vor der Bezahlung zu drücken... Wer mit ihm zu tun bekommt, ist arm dran, sagte der verstorbene Kekkonen. Und das sagen alle, die ihn kennen... Wenn einer durch Wucher reich geworden ist, kann man sich ja denken, was er für ein Mann ist... Und angeblich feilscht er bis zum letzten Penni, wenn man etwas für ihn getan hat... Man bekommt von ihm nichts ohne einen Riesenkrach... Ich fange natürlich nicht bei ihm an, auch wenn er es vorschlagen sollte. Lieber hacke ich Holz...

Nicht, daß er mich an der Nase herumführt, egal wie listig er ist... Ich halte die Augen offen. Er soll nicht wagen, wegen der Bezahlung Schwierigkeiten zu machen. Wenn ich ordentliche Arbeit leiste, dann nur bei voller Bezahlung, weiß Gott, das werde ich dem Herrn zeigen. Und wenn ich mich kerzengerade aufrichte, klare Worte sage und ihn mit einem Blick fixiere, den er noch nie gesehen hat, dann fängt er sicher an, vor mir zu zittern. Gott hat mir doch starke Fäuste gegeben... Aber viele Männer sind solche Schlafmützen, daß er nur ein bißchen ärgerlich werden muß, und schon bekommen sie Angst. Solche Herrschaften kann er dann behandeln, wie es ihm gefällt. Aber das soll er nur einmal bei mir versuchen, jawohl! Ich werde ihn schon lehren...

Er sitzt da und wird fett. Lebt von seinen Zinsen wie ein guter König. Und vergewaltigt Frauen, pfui! Angeblich traut seine Frau sich nicht, ein junges Dienstmädchen einzustellen, weil der Herr es sofort verführen würde. Pfui, dreimal pfui! Und vor solchen Leuten macht man Bücklinge und verehrt sie. Ein ehrlicher Arbeiter ist gar kein Mensch gegen so einen Magnaten. Und seltsam – obwohl sie leben wie die Schweine und sich mit List und Tücke bereichern, kommen sie trotzdem nicht in den Knast... 'Das Gesetz ist so, wie es ausgelegt wird', sagt ein Sprichwort.

Aber mal sehen! Wenn ich nun doch bei ihm arbeite – nur aus Spaß, sozusagen eine einmalige Verrücktheit. Es wäre sonderbar, wenn ein ehrlicher Mann nicht bekäme, was ihm zusteht... Wenn ich weiß, daß ich Rechte habe, dann setze ich mich durch, da hilft nichts, auch keine beschwörenden Blicke...

Er stand auf der Schwelle, bevor er diese Gedanken zu Ende gedacht hatte. Ganz recht! Dort waren nur alte, grimmig aussehende und häßliche Frauen tätig.

Die sind bestimmt sicher vor dem Gutsherrn! dachte Ville bei sich und mußte lachen.

Sie schienen zu wissen, daß er zum Gespräch herbestellt war.

"Gehen Sie durch die zweite Tür direkt in das Zimmer des Gutsherrs – links im Flur", sagten sie. "Er ist bestimmt zu Hause."

Als Ville die breite und prächtige Treppe hinaufsteigen mußte, merkte er, daß seine Stiefel voller Schnee und außerdem sehr plump waren. Und auch die anderen Sachen – die alte Lodenhose und der graue Mantel – waren in seinen Augen auf einmal potthäßlich. Aber erst im Flur wollte ihn der Mut ganz verlassen, denn durch die offene Tür zum Wohnzimmer leuchteten ihm soviel Licht, Schönheit und Pracht entgegen, daß ihm auf einmal der Kopf schwirrte. Auf dem Kronleuchter brannten Kerzen, an den Wänden standen hochgewachsene, grüne Pflanzen, das Zimmer sah aus wie ein Kräutergarten oder das Paradies. Und die Glücklichen, die um die Tische herum saßen – stolze Frauen, hübsche junge Fräulein in schönen Kleidern – sahen aus wie Engel... Eine saß am Klavier und spielte, die anderen plauderten und lachten.

Ville vergaß, daß er im Türrahmen stand, er konnte nur noch starren. Die Tochter des Hauses war diejenige, die ihn als erste bemerkte, und sie eilte in den Flur.

"Was gibt es? Wollen Sie zum Gutsherr?" fragte sie und kniff die Augen zusammen. Bevor Ville auch nur ein Wort herausgebracht hatte, fuhr sie fort: "Gehen Sie durch die Tür dort!"

Ville machte vorsichtige Schritte mit seinen großen Füßen, als ob er fürchtete, der blanke Boden würde unter ihnen einstürzen. Sein ganzer Körper war gelähmt, er fühlte sich in dieser Umgebung fremd und sonderbar. Sein Übermut von vorhin verrauchte ebenso schnell, wie er aufgeflammt war.

Der Gutsherr ging in seinem Zimmer auf und ab, und ein jüngerer Herr – wahrscheinlich sein Sohn – saß auf dem Sofa hinter einer großen aufgeschlagenen Zeitung. Er warf Ville nur einen kurzen Blick zu, dann nahm er keine Notiz mehr von ihm.

"Sie sind Toikka?" fragte der Gutsherr.

"Ja."

"Können Sie mit Pferden umgehen?"

"Natürlich."

"Ich wollte Sie beauftragen, eine Ladung auf den Markt von Kajaani zu bringen." Er stand mit dem Rücken zu Ville und blätterte in Papieren auf dem Tisch.

"Mit dem eigenen Pferd des Gutsherrs?"

"Ja."

"Wann soll das sein?"

"Am Montagmorgen." Er warf Ville einen Seitenblick zu und wandte sich wieder seinen Papieren zu. "Das sollte höchstens zwei Wochen dauern. Und was die Bezahlung betrifft... Ich würde Ihnen dafür zwanzig Finnmark geben."

Über dem Rand der Zeitung kamen die Augen des jungen Herrn zum Vorschein. "Ä' de' inte för mycky'?"[1]

Aber als keine Antwort kam, verschwand sein Gesicht wieder hinter der Zeitung, und er sagte nichts mehr.

---

1 Schwed. Är det inte för mycket? = Ist das nicht zuviel? (Anm. d. Übers.).

11

Ville musterte den breiten Rücken des Gutsherrs und seinen Stiernacken. Er versuchte, sich zu besinnen, er drehte seine Mütze in den Händen, seine eigene vertraute Mütze, und sich die Haare hinter die Ohren. Aber er konnte keinen klaren Gedanken fassen. Das Klavierspiel ertönte aus dem Nebenzimmer, und alles hier war so vornehm, daß er sich gegen seinen Willen sehr klein fühlte.

Der Gutsherr drehte sich nun um. "Nun, was sagen Sie? Sind Sie einverstanden, oder – ?"

"Ich kann doch jetzt gehen."

"Na, dann abgemacht. Am Montagmorgen kommen Sie früh hierher und verladen die Fuhre."

Erst auf der Straße kam Ville langsam wieder zu sich. Zunächst ärgerte er sich. "Zum Teufel, wo ist mein Mut geblieben? Die sind doch auch nur Menschen! Sie laufen auf zwei Beinen, genau wie ich. Verdammt! Ich stand da wie ein Trottel – was das Fräulein wohl von mir gedacht hat? Mußte ich mich so dämlich anstellen?! Nun ja... Aber ich gehe trotzdem gern hin. Es bringt mehr Geld als Holzhacken – und ist mal was anderes...

Er war guter Laune, als er nach Hause kam, und beauftragte Maria, ihm Fischauflauf als Proviant zu machen.

"Und du bleibst zwei Wochen weg?" fragte Maria.

Eine Ahnung beschlich sie, die sie sowohl erschreckte als auch faszinierte. Warum wandte sich der Gutsherr ausgerechnet an Ville, den er nicht kannte und der nie für ihn gearbeitet hatte? Aber als Ville keine Bedenken anmeldete, schob sie diesen Gedanken beiseite und machte sich eiligst daran, den Proviant vorzubereiten.

IV

Ville tat sich mit Kaufmann Hellmans Fuhrleuten zusammen, die auch Waren auf den Markt von Kajaani bringen wollten. Beide waren Bekannte, Korhonen aus Savilahti und Räsänen aus Sorsasalo. Mit ihnen zusammen war es lustiger und sicherer, denn sie hatten schon oft Ladungen geliefert und waren oft nach Kajaani gereist.

Sie verließen die Stadt mit einem ordentlichen Schwips. Ville war kein Trinker, aber da er fünf Mark Handgeld bekam, kaufte er sich davon eine Flasche Schnaps für die Reise. Sie tranken, und die Stimmung stieg so, daß die Welt ihnen sorglos vorkam erschien und die Freude mal in Gejohle und mal in unnötigen Zurufenan die Vorbeifahrenden oder an die Pferde zum Ausdruck kam.

Ville amüsierte sich am meisten, denn es war für ihn eine neue und erfrischende Abwechslung zu seinem ständigen Holzhacken. Außerdem war gerade schönes Wetter. Die Sonne schien strahlend vom Himmel, und das Eis war spiegelblank, als sie die Landenge überquerten, so daß der Schlitten ab und zu – aber Gott sei Dank nicht häufig – ins Schlingern geriet. Als er da auf der Ladung hockte, manchmal leise vor sich hinsummte und dann wieder so laut johlte, daß Räsänen, der vor ihm fuhr, ihm über die Schulter wütende Blicke zuwarf, erwachten in ihm nach und nach kühne und schöne Zukunftsträume. Er beschloß, sich ein Pferd anzuschaffen, egal mit welchen Mitteln, zur Not auf Kredit. Dann würde er Fahrer werden und im Winter Ladungen liefern. Damit würde er mehr verdienen – viel mehr natürlich – und es leichter haben, denn dies hier war ja eigentlich keine Arbeit, sondern eher ein lustiges Dasein. Man hatte seine Freiheit und konnte sich die Welt ansehen. Also los!

Er kreischte vor Vergnügen, gab seinem Pferd einen Schlag mit der Peitsche und ließ es galopieren. Es war heller Tag, ihm war leicht ums Herz, und vor ihm tat sich eine strahlendere Zukunft auf als je zuvor. Nirgendwo ein dunkler Punkt! Er schwenkte noch einmal die Peitsche, das Pferd galoppierte voran, und die anderen blieben weit zurück, vor allem Korhonen, denn der Ärmste hatte ein kläglich schlechtes Pferd. Als sie sich der Landenge näherten, stieg Ville ab, griff zu seinem Schnupftabak und wartete auf die anderen.

In der Nacht lag Ville im Quartier und konnte nicht schlafen. Er dachte nach; wenn er die Augen schloß, fühlte er, wie der Schlitten vorwärtsglitt, sah das Pferd und das Eis, hörte das Trommeln der Hufe, das Schnauben der Nüstern und das Knirschen des Eises unter dem Schlitten. Dann machte er sich Sorgen um die Ladung und die Pferde – was, wen jemand sie stehlen würde? Natürlich dachte er vor allem an seine eigenen. Dann hob er den Kopf und lauschte, weil er glaubte, draußen verdächtige Geräusche zu hören. Innerhalb weniger Minuten war er auf den Beinen, um nachzusehen, ob alles an seinem Platz war.

Die anderen schliefen friedlich, und Ville fand sie sehr leichtsinnig.

"Also wirklich!" beschwerte er sich am Morgen. "Wie Murmeltiere habt ihr geschlafen! Ihr hättet nichts mitbekommen, wenn jemand unsere Pferde und die Ware gestohlen hätte!"

Die anderen lachten nur.

"Das ist reine Gewöhnungssache", sagte Korhonen. "Wenn du das erst mal ein paar Jahre gemacht hast, dann lernst du es auch noch. Unsereiner spürt es in den Knochen, wenn Gefahr im Verzug ist."

In der nächsten Nacht übermannte die Müdigkeit auch Ville. Er schlief gerade selig, als Korhonen plötzlich aus dem Bett sprang, aus der Tür stürzte und dabei fürchterliche Flüche ausstieß. Davon erwachte auch Räsänen, stieß Ville beiseite und war in einer Sekunde draußen.

Ville begriff, daß etwas Schlimmes passiert war. Er wollte nach der Warenladung sehen; sie hatten die Pferde in einem Schuppen untergebracht. Aber bevor er dort angekommen war, ertönte aus dem Hof ohrenbetäubendes Gebrüll, Gepolter und andere Geräusche einer Schlägerei. Korhonen und Räsänen waren mitten in einer wilden Prügelei mit Zigeunern, die versuchten, die Ware zu stehlen.

Ville schnappte sich einen Holzstab und kam seinen Freunden zu Hilfe. Er teilte nach Kräften Hiebe nach links und rechts aus und hinterließ einen Kahlschlag, wo sich etwas zu rühren wagte. Die Zigeuner wollten in Richtung Wald fliehen, und Ville folgte ihnen, den Stab fest in der Hand. Aber er war barfuß und nur spärlich bekleidet, ebenso wie Korhonen und Räsänen. Deshalb kamen die beiden nicht hinterher, sondern schrien ihm nur etwas nach.

"Laß die Juden laufen, es ist kalt!" rief Korhonen warnend, als Ville schon weit weg war.

Er wollte sich nicht beruhigen, sondern hatte große Lust, sie sich vorzuknöpfen und ihnen die Hammelbeine langzuziehen, damit sie das nächste Mal die Finger von den Waren der Reisenden ließen.

Aber sie waren viele – und er nur einer. Außerdem brannten seine Füße vor Kälte wie Feuer. Er mußte sie in Ruhe lassen.

Als er wieder auf den Hof kam, waren die anderen schon in ihrer Unterkunft. Dort wollte er auch hin, inspizierte jedoch zuerst die Ware.

Er fuhr zusammen und fluchte. Die Bastmatte war zerrissen, und als er sich das Loch näher anschaute, sah er deutlich, daß der Zuckersack gestohlen worden war.

Also nichts wie zurück in die vorige Richtung, und zwar so überstürzt, daß er nicht dazu kam, die anderen zu Hilfe zu rufen. Er dachte auch gar nicht daran, er brauchte niemanden – in diesem Augenblick hätte er es allein mit hunderttausend Mann aufgenommen. Seine einzige Sorge war, daß er sie nicht finden würde oder nicht einholen könnte. Doch sobald er die Landstraße erreicht hatte, sah er sie schon mit ihren Frauen, Kind und Kegel und Sack und Pack. Die Zigeuner bemerkten ihn sofort und wollten zuerst fliehen, blieben dann aber plötzlich stehen, überließen die Ware und die schwächeren Mitglieder ihrer Schar sich selbst und stellten sich ihrem Verfolger entgegen.

Der Kampf war hitzig. Im Hintergrund drohten und kreischten die Frauen, und die verängstigten Kinder weinten. Aber die Männer knirschten mit den Zähnen und schlugen aufeinander ein, kochten vor Zorn und stießen Verwünschungen aus. Ville fuchtelte mit dem Holzstab wie ein Bär mit seinen Tatzen, aber in der Hand eines Zigeuners blitzte ein Dolch auf. Ville sah es nicht, erst als er einen brennenden Schmerz im Rücken verspürte, merkte er, daß er verwundet war. Im gleichen Moment verließen ihn die Kräfte, er sank zu Boden, und der Stab fiel ihm aus der Hand. Sein Körper kühlte aus, in seinen Ohren sauste es, und ihm wurde schwarz vor Augen. Er sah dunkle Gestalten um sich herumtanzen, die sich näherten und dann wieder verschwanden.

Sterbe ich jetzt?

Das war der letzte Gedanke, den er fassen konnte, dann verlor er das Bewußtsein.

Alles war still und reglos wie in einem Traum.

In der Zwischenzeit suchten die Zigeuner Hals über Kopf das Weite. Den Sack Zucker ließen sie zurück, damit man sie nicht weiter verfolgte oder identifizieren konnte, falls sie doch noch festgenommen würden. Sie hatten bereits mitgekommen, daß sich im Haus etwas rührte, und sie hatten sich nicht geirrt.

Der Lärm war bis in das Nachtquartier gedrungen, und Korhonen und Räsänen errieten, daß Ville in Schwierigkeiten war.

”Er ist ihnen also nachgerannt. So ein Verrückter!” wetterte Räsänen, der sich gerade aufs Bett geworfen hatte.

Er stand auf und zog seine Stiefel an.

”Wir müssen ihm zu Hilfe kommen. Nichts wie hin! Am Ende bringen sie ihn um!” sagte Korhonen und zog sich die Kleidungsstücke an, die er in der Eile zu fassen bekam.

Bald waren auch die Hausbewohner auf den Beinen – die Kinder allerdings schliefen friedlich weiter, und die Frauen drehten sich einfach auf die andere Seit und dachten nicht daran, aufzustehen. Sie kümmerten sich nicht um die gottlosen Geschehnisse draußen auf der Straße.

Die Männer rannten auf den Hof, aber der Krach war schon verstummt. Sie standen still, lauschten und glaubten einen Moment lang, in der Ferne etwas zu hören, doch dann war alles still.

Sie gingen trotzdem in die Richtung und fanden Ville bewußtlos am Wegesrand, der Zuckersack lag ein kleines Stück von ihm entfernt. Sonst war nichts zu hören oder zu sehen.

Villes Körper war noch warm, sie trugen ihn ins Haus und flößten ihm Schnaps ein. Er schluckte ihn hinunter. Dann seufzte er und schlug die Augen auf. Aber bei klarem Verstand war er nicht, das merkten sie sofort, und es war ebenso klar, daß er nicht am nächsten Morgen weiterreisen konnte.

Die Ware mußte rechtzeitig abgeliefert werden, dafür fühlten sich die anderen verantwortlich, da sie sich nun einmal zusammen auf die Reise gemacht hatten. In der nächsten Hütte heuerten sie einen Mann an, und noch vor Tagesanbruch waren sie wieder unterwegs. Ville selbst wurde immer wieder ohnmächtig. Er kam nur kurzzeitig zu sich, wenn sie ihm Schnaps oder Hoffmannstropfen einrichterten, aber wenn sie einen Augenblick später nach ihm sahen, war er schon wieder weggetreten.

Die Wunden bluteten nicht mehr, denn die Frauen hatten sie mit Lumpen verbunden. Eine der Verletzungen war schwer – sie befand sich am unteren Oberarmknochen und sah sehr tief aus. Sie blutete anfangs und mußte lange mit kaltem Wasser gekühlt werden, bevor man den Blutfluß damit stoppen konnte, indem man die Wunde verband.

Als Korhonen und Räsänen die Pferde angespannt und die Ware für die Weiterreise verladen hatten, sahen sie noch einmal nach Ville. Sie standen eine Weile vor seiner Bank und warteten, daß er die Augen aufmachen würde, aber er öffnete sie nicht. Er lag nur kreidebleich da und stöhnte leise.

"Ich glaube nicht, daß er durchkommt", fürchtete Räsänen.

Beide gaben den Wirtsleuten eine Mark von ihrem eigenen Geld, baten sie, sich um Ville zu kümmern und versprachen, auf dem Rückweg vorbeizukommen, um nach ihm zu sehen.

V

Als Maria den Proviant für Villes Reise vorbereitete, kam ihr ein guter Gedanke. Aber sie sagte Ville nichts, sondern dachte, daß er dann große Augen machen würde, wenn er nach Hause kam.

Sie wollte nämlich während Villes Abwesenheit Stoff weben – das Garn dafür würde sie sicher in Frau Mikkolas Wollgeschäft auf Kredit bekommen, denn sie war dort eine bekannte Kundin. Den Stoff würde sie dann auf dem Wintermarkt verkaufen, viel Geld einnehmen, die Schulden zurückzahlen, neues Garn kaufen und für den Frühlingsmarkt noch mehr Stoff weben. Auf diese Weise konnte sie viel Geld verdienen und sich gleichzeitig um die Kinder kümmern, weil sie nicht aus dem Haus mußte. Sie würde in der hintersten Ecke Platz für den Webstuhl machen, das Bett näher an die Tür rücken und den Tisch unter das Fenster schieben. Schon am Sonntag sah sie alles fertig vor sich und wünschte sich nur, daß es bald Montag werden würde, Ville auf seine Reise ging und ihre Ideen in die Tat umsetzen.

Ville merkte nichts, obwohl sie die ganze Zeit tief in Gedanken versunken war. Er war wohl so mit seinen eigenen Angelegenheiten beschäftigt oder glaubte vielleicht, Maria sei wegen seiner Abreise traurig. Unter anderen Umständen hätte sie sich deswegen tatsächlich gegrämt und das Alleinbleiben bedrückend gefunden, weil sie daran noch nicht gewöhnt war, aber jetzt geisterte ihr die Sache mit dem Stoff so lebhaft durch den Kopf, daß sie nicht dazu kam, an etwas anderes zu denken.

Ville war kaum zur Tür hinaus, als Maria auch schon vom Hof ins Zimmer zurückeilte und in ihre Jacke schlüpfte.

Auf der Straße kam ihr als erstes eine bösartige alte Vogelscheuche entgegen, die "die Mutter der Welt" genannt wurde. Sie war von Beruf Wahrsagerin und eine große Zauberin.

Verdammt! dachte Maria. Soll ich umkehren?

Dann erinnerte sie sich an den alten Aberglauben, daß es etwas Schlimmes bedeutet, wenn einem als erstes eine Frauensperson entgegenkommt. Trotzdem wollte sie nicht umkehren, sondern ging weiter, da sie sich nun einmal auf den Weg gemacht hatte. Aber die Begegnung hatte ihre Laune gedämpft, und sie war sich ihres Erfolgs nicht mehr so sicher, als sie durch die Tür des Ladens trat.

Anna – das war der Name des Mädchens im Geschäft – begrüßte sie fröhlich wie immer, und Maria wurde wieder etwas mutiger. Sie erklärte ihr Anliegen. Aber da wurde Anna ernst, schüttelte den Kopf und begann, die Kleiderhaufen auf dem Ladentisch zusammenzuräumen.

Sie wagte es nicht – die Frau hatte verboten, Stoff auf Kredit wegzugeben.

"Auch nicht gegen ein Pfand?" Maria dachte an ihren Ehering.

"Nein, auch das hat die Frau verboten. Das bringt nur Verlust – oft bleiben die Schulden jahrelang unbezahlt."

"Ich würde bestimmt – ", versicherte Maria.

"Ja, alle machen schöne Versprechungen, aber nur wenige kümmern sich um die Bezahlung."

Maria mußte unverrichteter Dinge gehen. Sie fühlte sich so elend, daß sie fast geweint hätte. Langsam ging sie den weiten Weg nach Hause und überlegte, was ihr jetzt helfen würde. Denn sie konnte auf keinen Fall auf den Stoff verzichten, wenn sie es sich einmal in den Kopf gesetzt hatte.

Sie dachte daran, ihren Ring zu verpfänden. Aber sie nahmen nur kostbaren Schmuck und gaben einem nicht einmal die Hälfte dessen, was er wert war. Damit brauchte sie es gar nicht erst zu versuchen.

Und ihre Bekannten? Sie rief sich jeden einzelnen ins Gedächtnis, ließ es sich gründlich durch den Kopf gehen und kam letztlich zu dem Schluß, daß keine Hoffnung bestand.

Sie kam nach Hause und versuchte, sich die ganze Sache aus dem Sinn zu schlagen. Sie hatte ja genug zu tun, sie mußte die Kleidung der Kinder in Ordnung bringen, Strümpfe stopfen und kochen, die Ärmsten waren schon ganz ausgehungert, als sie ihnen versprach, Essen zu machen, bevor sie ging.

Sie machte Feuer im Ofen, wusch den Topf ab und setzte Kartoffeln auf. Die Kinder spielten hinten im Zimmer, Yrjö lag in der Wiege, und Liisa klatschte neben ihm in die Hände und sagte: "Guck mal, guck mal, Mutter kocht Kartoffeln – wie lecker! Yrjö bekommt auch welche, wenn er brav ist!"

Nachdem Maria die Kartoffeln aufs Feuer gesetzt hatte, blieb sie neben dem Ofen sitzen. Sie schaute zu, wie das Feuer brannte und wie die Kartoffeln im Wasser herumwirbelten. Sie hatte sie günstig auf dem Herbstmarkt gekauft – mit dem Zehnmarkschein, der –

Sie pustete in den Ofen, um das Feuer anzufachen.

Sie würde sich jetzt auf keinen Fall an den Gutsherr wenden, am besten vergaß sie die ganze Stoffgeschichte. Sie hatte ja anderes zu tun, die Kleider der Kinder und die Strümpfe...

Das Feuer loderte hoch auf, und das Wasser blubberte.

Bestimmt würde der Gutsherr ihr das Geld leihen, bei seinen finanziellen Verhältnissen kam es nicht darauf an. Sie trug ihm das Vorige nicht nach, weil er Ville Arbeit gegeben hatte. Er mochte ein guter Mann sein, obwohl schlecht über ihn geredet wurde. Aber es kam trotzdem nicht in Frage, daß sie sich an ihn wandte, denn Ville wäre nicht einverstanden. Wie sollte sie es ihm erklären?

"Mutter, gib uns Kartoffeln."

Mikko stand hinter ihr und zerrte an ihrem Kleid.

"Warte ab, sie kochen ja schon."

Aber das Kind hatte Hunger und konnte sich nicht gedulden, sondern begann zu quengeln.

"Hier hast du ein Stück Brot, iß das erst mal."

Mikko setzte sich auf den Boden neben seine Mutter, biß in die harte Brotkante und grub seine Finger in die weichen Stellen. Yrjö jammerte, Liisa trällerte vor sich hin. Maria saß noch immer in derselben Haltung da. Die Kartoffeln fielen schon auseinander, aber sie merkte es nicht. Aber Liisa, die bei der Wiege stand, sah es, da ihr Blick zufällig auf den blubbernden Topf fiel.

Sie verstummte und wartete darauf, daß ihre Mutter den Topf vom Feuer nahm. Erst als ihre Mutter sich nicht rührte, erinnerte sie sie schließlich:

"Mutter, die Kartoffeln fallen schon auseinander."

Maria erwachte wie aus einem Traum, seufzte tief und richtete sich auf.

"Tatsächlich", sagte sie. "Jetzt bekommen die Kinder Kartoffeln."

"Kartoffeln, Kartoffeln", rief Mikko, sprang vom Boden auf und hüpfte vor Freude.

Nachdem Maria den Kindern Essen gegeben und Yrjö in den Schlaf gewiegt hatte, holte sie ein paar Kleider hervor, die geflickt werden mußten. Sie schaute sie an, und ihre Stimmung sank, denn sie waren sehr abgetragen. Wenn ein Stück ausgebessert war, zerriß sofort das nächste.

Sie seufzte. Die Hände sanken in den Schoß, und das Kleid fiel zu Boden. Aus dem Stoff hätte sie den Kindern Sachen nähen können. Ein paar Ellen Stoff – es hätte nicht zuviel gekostet. Sie hätte ihn auf dem Markt billig bekommen können.

Sie besaß selber keinen Webrahmen. Sie mußte sich einen von Soininens Frau leihen, denn die hatte zwei kleine Webrahmen.

Ob sie mir einen leihen würde? überlegte sie nun. Ich gehe am besten hin und frage. Es wäre schön, wenn ich wenigstens den bekäme.

Die Soiniska wohnte ganz in der Nähe, und Maria trug Liisa auf, sie zu holen, falls etwas sein sollte, und ermahnte Mikko, still zu sein, damit Yrjö nicht aufwachte.

"Seid nun brav, ich bleibe nicht lange weg", versprach sie, als sie durch die Tür ging.

Aber Maria bekam natürlich Kaffee angeboten, und sie konnte sich nicht so schnell losreißen. Und sie unterhielten sich lange. Frau Soininen hatte komische Geschichten zu erzählen. Kettunen hatte seine Frau verlassen und war mit der Frau eines Gerbergesellen aus Savilahti durchgebrannt. Sie waren zusammen mit dem Schiff Richtung Süden gefahren. Die Kettuska wollte nach Helsinki, um ihren Mann zurückzuholen.

Sie schimpften beide darüber.

"So sind die Männer! Wenn das eine Frau machen würde!" sagten sie.

Sie dachten nicht daran, daß doch eine Frau an der Sache beteiligt war.

Die Soiniska hatte gerade Stoff mit einem schönen Muster – rote und weiße Streifen auf blauem Grund – gewebt. So einen hätte Maria auch gemacht, allerdings hätte sie sich für Blau entschieden, das war praktischer für die Kinder als Weiß.

Sie erzählte der Soiniska von dem Stoff und davon, daß die Sache schiefgegangen war. Sie fragte, ob sie sich den kleinen Webstuhl leihen könne.

"Aber ja, meine Liebe, sehr gern", sagte die Gastgeberin. "Sie stehen dort drüben im Schuppen. Und du kannst auch alle Geräte von mir bekommen – und Litzen und einen Weberkamm, ich habe jede Menge davon und verlange nichts dafür."

"Wirklich? Du bist ein guter Mensch", bedankte sich Maria, aber gleich darauf seufzte sie bei dem quälenden Gedanken, wie wunderbar es wäre, wenn sie Garn hätte.

"Sammel zur Not Geld von der Straße auf", empfahl die Soiniska, "und kauf Garn!"

"Ach du liebe Güte, ich weiß nicht, wo ich es hernehmen soll, und auf der Straße werde ich nichts finden! Hör auf damit, es tut weh, daran zu denken. Ich muß mir die ganze Sache aus dem Kopf schlagen."

Aber das war gar nicht so leicht. Der Gedanke setzte sich immer härtnäckiger fest, je mehr Maria dagegen ankämpfte.

Auf dem Nachhauseweg musterte sie die Straße eingehend, als könne sie dort tatsächlich zufällig Geld finden. Aber sie hatte diesmal Pech, obwohl die Leute so oft Geld verloren. Wenn ihr vornehm aussehende Leute entgegenkamen, dachte sie: Die haben sicher die Taschen voller Geld, aber da komme ich ja nicht heran!

Wohin sich ihr Blick auch richtete, als sie zu Hause war, sie mußte die ganze Zeit daran denken, wieviel Geld der betreffende Gegenstand wert war. Nicht, daß es viel zu sehen gab – ein paar Möbel und Kleidungsstücke. Die konnte man nicht ins Pfandhaus bringen, denn sie brauchten alles selbst.

Das einzige, was sie hatte, war ihr Ehering, aber der reichte nicht. Er würde allerhöchstens vier Mark bringen, und wieviel Garn bekäme sie dafür schön?

Die Kinder waren ungezogen, und sie schimpfte mit ihnen. Sie drohte Mikko Prügel an und ermahnte Yrjö streng, still zu sein. Aber der arme Kleine verstand sie nicht, er sah nur, daß seine Mutter böse auf ihn war, und das machte ihn traurig. Er verzog den Mund, ihm traten Tränen in die Augen, und er fing an zu weinen.

Maria tat er schon wieder leid, und für einen Moment vergaß sie alles Geld und Garn, nahm das Kind auf den Schoß und versuchte es zu beruhigen.

Gegen fünf Uhr abends brachte sie die Kinder wie gewohnt ins Bett. Danach wußte sie nicht recht, wo sie mit der Arbeit anfangen sollte, sie warf nur einen Blick auf die Kleider und legte sie dann verärgert beiseite. Sie waren so kaputt, daß es einen riesigen Aufwand bedeuten würde, sie zu flicken.

Am besten, ich gehe schlafen, dachte sie, dann verschwende ich kein Öl für die Lampe.

Sie stand auf, schüttelte das Bett auf und öffnete die Tür, um den Schlüssel abzuziehen, als sie hörte, wie durch die Dunkelheit jemand leise näherkam. Sie fuhr zusammen und wollte schreien. Dann sah sie, daß es ein Mann war, und bekam noch mehr Angst.

"Oh, großer Gott, wer ist da? Was wollen Sie? Was gibt es?"

Statt einer Antwort stieß eine kräftige Hand sie von der Schwelle zurück ins Zimmer.

Gutsherr Oppman stand in der Tür, schaute sich eingehend um und untersuchte das Schloß von außen. Er bemerkte, daß der Schlüssel schon abgezogen war und Maria ihn in der Hand hatte, lächelte und zog die Tür zu.

Maria zitterte.

"Warum kommt der Gutsherr hierher? Wozu? Was haben Sie vor?"

"Sei still, daß die Kinder nicht aufwachen. Warum ich hier bin? Natürlich, um dich zu sehen, weshalb sonst?" Er lachte ein wenig und setzte sich.

"Gehen Sie, Gutsherr, bitte gehen Sie."

"Na, na, du willst mich vor die Tür setzen? Du bist aber nicht sehr gastfreundlich."

"Sie führen bestimmt etwas im Schilde. O lieber Gott – "

"Wovor hast du Angst? Ich tue dir nichts. Oder hältst du mich für so ein Ungeheuer?"

"Wenn Sie so spät kommen – "

"Spät? Es ist gerade erst sechs Uhr. Setz dich jetzt und sei friedlich. Ich bin nur gekommen, um dich zu sehen. Du langweilst dich doch bestimmt so allein hier."

Maria setzte sich auf einen Hocker und versuchte sich zu beruhigen.

"Und nun erzähl, was du heute gemacht hast." Er sprach gelassen und sah ganz harmlos aus.

"Eigentlich gar nichts – " Sie unterbrach sich. Der Stoff fiel ihr wieder ein, aber wie sollte sie das erklären?

"Sag schon. Du hast doch an etwas gedacht?"

"Ja – ich dachte – nun, warum soll ich es nicht erzählen?"

Sie erzählte alles von Anfang an – daß sie die ganze Nacht gegrübelt und gehofft hatte, daß es irgendwie klappen würde, aber daß dann nichts daraus geworden war, weil sie kein Garn hatte.

Während sie sprach, hoffte sie die ganze Zeit insgeheim, daß der Gutsherr ihr Hilfe anbieten würde. Er hatte ja Geld, in seiner Brieftasche würde sich so eine Summe gar nicht bemerkbar machen. Ihre Furcht legte sich, denn der Gutsherr hörte ihr mit freundlicher Miene zu. Schließlich holte er seinen Geldbeutel aus der Tasche.

"Sieh mal her! Was würdest du sagen, wenn ich dir das gäbe?"

"Oh, mein lieber Gutsherr!" Maria zitterte wieder. Sie konnte den Blick nicht von dem Schein abwenden. Der Gutsherr rückte mit seinem Stuhl näher.

"Es hängt nur von dir ab. Wenn du meine Freundin wirst, bekommst du das Geld natürlich. Ich bin da nicht knauserig."

Er packte Maria und zog sie zu sich, ohne sich um ihr Sträuben zu kümmern.

"Nicht, Gutsherr, lassen Sie mich los, lassen Sie mich", stammelte sie und wollte sich losreißen. Aber als sie den Kopf abwandte, fiel ihr Blick wieder auf den Schein. Ihr Herz schlug, die Wangen glühten, und sie wehrte sich nur noch halbherzig gegen die Zudringlichkeiten des Gutsherrn. Beim Anblick des Geldes schwand ihre Widerstandskraft.

"Oh, lassen Sie mich", flüsterte sie, "ich kann nicht – nein – auf der anderen Seite der Wand wohnen doch Leute – sie hören uns – "

"Warum machst du dann Theater? Sei still."

Der Gutsherr blies die Lampe aus. Sie blieben im Dunkeln.

VI

Das Saubermachen am nächsten Morgen zog sich lange hin. Maria saß ungewaschen und ungekämmt auf dem Tisch, stützte die Ellbogen auf die Tischplatte und vergrub das Gesicht in den Händen. Das Kleid hing zerknittert an ihr herunter, und die Jacke war nicht zugeknöpft. Die Kinder machten keinen Mucks, denn sie hatte ihnen Zuckerstücke in die Hand gedrückt, damit sie still waren. An denen lutschten und knabberten sie nun. Yrjös Mund und Wangen waren ganz feucht, aber er leckte an der Ecke eines Zuckerstückchens und war zufrieden. Das Kaffeegeschirr stand vor Maria auf dem Tisch. Sie hatte viele Tassen getrunken, bis nur noch Kaffeesatz in der Kanne war. Aber sie wurde nicht munter und konnte nichts tun. Sie saß schon lange regungslos da. Nur ab und zu lief ihr ein Schauer über den Rücken, als sei ihr kalt.

"So geht das nicht", brachte sie schließlich heraus und nahm die Hände vom Gesicht. Ihr Blick schweifte stumpf und unruhig umher.

"So geht das nicht", wiederholte sie, richtete sich auf und zupfte ihr Kleid zurecht.

Liisa brachte den Besen von draußen herein; Maria machte die Betten und fegte den Boden. Sie wischte den Tisch ab und stellte das Geschirr an seinen Platz. Dann schaute sie in den Spiegel und erschrak vor ihrem Aussehen, den aschfahlen Wangen und den leblosen Augen. Sie beeilte sich, sich die Haare zu kämmen, das Gesicht zu waschen und sich zurechtzumachen.

Als alles erledigt war, öffnete sie die Schublade. Da lag der Schein, ein schöner Zehnmarkschein. Sie nahm ihn in die Hand, glättete die Ecken und betrachtete ihn genau von beiden Seiten. Damit würde sie jetzt jede Menge Garn bekommen!

Und Ville brauchte nichts zu wissen. Der Verdienst würde alle Ausgaben ausgleichen.

Ihr kamen keine Zweifel. Besseres Essen als früher, smehr Geld für Kleider und was man sonst noch brauchte, weniger Sorgen – warum jammerte sie eigentlich? Wenn sie es sich richtig überlegte, dann – .

Maria wurde schwindlig, wenn sie daran dachte, was Ville sagen würde, wenn er auch nur das geringste ahnte. Er würde sicher außer sich sein und ihr nie verzeihen, sondern sie bis ins Grab unerbittlich hassen. Was würde aus ihr werden?

Sie wagte es nicht, weiterzudenken, sondern verscheuchte alle diese Vorstellungen aus ihrem Kopf, steckte das Geld in die Tasche und ging aus dem Haus, um Garn zu kaufen.

Stolz ging sie wieder in denselben Laden, den von Frau Mikkola. Die dachten wohl, daß sie auch heute wieder darum bitten würde, anschreiben zu dürfen? Oder daß sie in irgendeiner Weise von ihrer Gnade abhängig war? Sie sagte kaum guten Tag, als sie durch die Tür kam, und beschloß bei sich, das Garn zu kritisieren und zu drohen, sie würde woanders einkaufen.

Es ergab sich jedoch, daß sie ihren Kauf nicht sofort tätigen konnte, weil gerade zwei Mädchen vom Land Wollstoff kauften, um sich Kleider zu nähen. Der Stoff war schön, er schimmerte zartlila, und Maria sah ihn bewundernd an. Als das Ladenmädchen Anna vierzehn Ellen für die Kundinnen abgemessen hatte und aufwickelte, war er noch schöner. Maria hatte noch nie ein solches Kleid gehabt. Ihr Interesse war geweckt. Sie schaute genauer hin, nahm den Stoff zwischen die Fingerspitzen und hielt ihn gegen das Licht. Er war wirklich dünn, fast wie Gaze. Aber niemand würde so etwas als Kleid für den Alltag nehmen, sondern nur für besondere Gelegenheiten. Und so eins brauchte sie. Es standen Verlosungen, Abendverlosungen, Hochzeiten und andere Feste bevor, bei denen man unmöglich ein gewöhnliches Kleid tragen konnte. Wenn sie ein Kleid aus diesem Stoff nähte, würde es bei pfleglicher Behandlung viele Jahre halten.

Sie fragte nach dem Preis.

"Sechzig Penni", war die Antwort.

Nur sechzig Penni!

"Vierzehn Ellen." Sie versuchte, es im Kopf auszurechnen, kam aber zu keinem Ergebnis, weil ihre Gedanken stockten. "Wieviel kosten vierzehn Ellen?"

"Acht Finnmark und vierzig Penni", erwiderte Anna.

Marias Herz schlug höher. "Und dazu noch das Futter – drei Ellen?"

"Neunzig Penni. Insgesamt neun Finnmark und dreißig Penni."

"Können Sie mir noch eine Rolle Garn anschreiben?"

"Na, egal. Sie können es bekommen."

"Dann messen Sie ab!"

24

Anna begann zu reden – über das Wetter oder irgend etwas anderes, Maria bekam es kaum mit. Sie antwortete nur mit ein paar Worten, merkte aber selbst, daß nur Unsinn herauskam und versuchte, sich zu korrigieren, verhaspelte sich jedoch noch mehr und machte sich nicht die Mühe, es zu erklären, sondern ließ es ganz bleiben.

Anna lachte. "Jetzt waren Sie aber tief in Gedanken versunken."

"Ich habe nur solche Kopfschmerzen", antwortete Maria, obwohl das nicht stimmte.

Sie bekam siebzig Penni zurück. Sie nahm ihr Paket und ging.

Siebzig Penni! Sollte sie davon Weizen kaufen und die Soiniska zum Kaffee einladen? Dann könnte sie den Stoff für das Kleid zeigen und fragen, was die Soiniska davon hielt und ob sie ihn schön und preiswert fand.

Aber warum eigentlich die Soiniska? Die würde sofort anfangen, nachzubohren, woher das Geld für den Stoff hergekommen war. Dann lieber Katri, die im gleichen Haus wohnte und nichts von ihrer gestrigen Geldnot wußte. Sie war immer so neidisch, wenn Maria ein neues Halstuch oder etwas Ähnliches hatte. Was würde sie erst dazu sagen? Es wäre lustig zu sehen, wie das an ihrem Herzen nagen würde.

Sie ging noch in die Bäckerei, setzte den Kaffeekessel auf, als sie zu Hause war, und schickte Liisa los, um Katri zu holen.

"Grüße und vielen Dank, sie kommt sofort", sagte Liisa, als sie zurückkam.

Im gleichen Augenblick ertönten im Flur schon schnelle, trippelnde Schritte, und herein kam eine etwas kurz geratene, dicke alte Frau mit Schlitzaugen.

"Na so was, Kaffee trinken! Was ist jetzt in dich gefahren?" rief sie schon in der Tür.

"Gar nichts, es paßte nur gerade. Ich war in Frau Mikkolas Laden, um Stoff für ein Kleid zu kaufen, und da bin ich bei der Bäckerei vorbeigekommen und habe Weizenkaffee gekauft."

"Ach, du hast ein Kleid gekauft? Zeig es mir mal, meine Liebe. Schon wieder ein neues! Es ist doch noch gar nicht lange her, daß du dir das gekauft hast, das du jetzt gerade anhast."

"Ich brauchte ein besseres."

"Gott bewahre – Wollstoff, wahrhaftig! Nun, wieviel kostet denn eine Elle davon?" Katris Stimme bebte förmlich. Sie schluckte, wurde etwas blaß, und um ihre Mundwinkel erschienen tiefe Falten. An ihrem Gesicht sah man deutlich, daß ihr der Anblick des Kleides fast körperlich wehtat.

Maria weidete sich an ihrem Schmerz und streute Salz in die Wunde. "Zwanzig Finnmark – ist das teuer?"

"Das ist schon ein Preis! Zwanzig Finnmark? Wieviele Ellen? Vierzehn! Du lieber Himmel! Zwanzig Finnmark für ein Kleid!" Sie pfiff und schüttelte den Kopf. "Und was soll die Frau eines Arbeiters damit? Ich würde nie wagen, es anzuziehen. Nie! Die Leute würden Gott weiß was denken!"

"Na und? Du würdest es also nicht wagen. Ich schon! Ich geniere mich überhaupt nicht."

"Hast du keine Angst vor böswilligem Gerede?"

"Was meinst du?"

"Ja, siehst du, die Leute sind immer bereit, Dinge ungünstig auszulegen, das weißt du doch. Und wenn du plötzlich anfängst, dich so herauszuputzen, dann können sie sonst etwas denken."

"Oho! Was könnten sie denn denken?" Maria errötete und bückte sich, um etwas aus der Tischschublade zu nehmen.

"Sie können dir hinterhergaffen, auch wenn es keinen Grund gibt. Und in diesem Fall – nun, du müßtest selbst zugeben, daß – "

"Was?" fauchte Maria wütend, als die andere nicht weitersprechen wollte.

" – daß das hier seltsam aussieht. Normalerweise hat die Frau eines Arbeiters nicht genug Geld, um sich so feinzumachen, und will es auch gar nicht, denn es gilt allgemein als schlechtes Zeichen. Aber mach, was du willst – ich habe dir ja nichts zu befehlen."

"Sollen sie doch reden – ich pfeife darauf! Es können ruhig alle hören. Sie sollen tratschen, soviel sie wollen, ich mache mich trotzdem hübsch, denn es ist meine Sache, und es geht keinen etwas an, wie ich angezogen bin! Ihr Geldbeutel leidet doch nicht darunter."

"Wirklich nicht. Nein – wirklich nicht."

"Sie sind neidisch, das ist alles. Das verstehe ich natürlich."

"Du glaubst doch wohl nicht, daß *ich* neidisch auf dich bin?"

Maria verzog den Mund, warf den Kopf in den Nacken und sagte nichts.

"Da irrst du dich! Ich würde nie im Leben solche Sachen anziehen, selbst wenn ich sie umsonst bekäme – undenkbar, daß ich jemanden darum beneiden würde! Nein, meine Beste, meinetwegen kannst du ruhig in Samt und Seide herumlaufen!"

Katri bebte vor Zorn und zeterte so, daß Maria überhaupt nicht zu Wort kam. Sie versuchte ihr Bestes, schrie so laut sie konnte, aber die Stimme der anderen gewann die Oberhand. Der Streit wurde hitziger, beide sprachen gleichzeitig, beschimpften sich nach Kräften und sparten auch nicht mit derben Worten, von denen beide eine Menge auf Lager hatten.

Die Kinder hörten zu und sperrten Augen und Mund auf, auch Yrjö staunte und war die ganze Zeit mucksmäuschenstill.

"Verschwinde, oder ich befördere dich mit einem Tritt nach draußen!" schrie Maria zuletzt und riß die Tür auf.

"Ja, ich gehe – und trete nie wieder über diese Schwelle, du Miststück!"

Katri fegte über den Hof in ihre eigene Wohnung und kochte fast über vor Zorn. Sie blieb ein paarmal stehen, drehte sich um und schrie schlimmere Wörter, als man sich vorstellen kann, aber Maria hörte es nicht mehr, denn sie hatte schon die Tür zugeknallt.

"Das habe ich nun davon! Und ich habe der alten Hexe auch noch Weizenkaffee angeboten! Nie wieder!" brummte Maria vor sich hin. Sie war wütend. "Aber was für Folgen wird die Sache für mich haben?" Sie begann ihre Heftigkeit zu bereuen, denn Katri gehörte zu den bösartigen Zeitgenossen, die man besser nicht zum Feind hatte. Mit solchen Leuten mußte man auf gutem Fuß stehen, sonst machten sie einem Schwierigkeiten. Maria beschloß, Katri schon am nächsten Tag auf irgendwie zu besänftigen – sie konnte zum Beispiel ein Fladenbrot backen und ihr ein Stück davon bringen, damit sie vergaß, daß sie Streit gehabt hatten.

Doch am gleichen Abend geschah noch etwas, das diesen Ausweg unmöglich machte.

Es war schon spät in der Nacht, als sie leise die Tür öffnete, damit der Gutsherr gehen konnte. Draußen war es stockdunkel, sie schaute aus dem Türrahmen, als der Gutsherr die Treppe hinunterging. Da huschte plötzlich eine Gestalt um die Ecke, holte eine brennende Laterne aus ihrem Mantel, beleuchtete damit das Gesicht des Gutsherrn und brach in schallendes Gelächter aus.

Es war Katris Stimme! Maria wurden die Knie weich, sie zog hastig die Tür zu und ließ sich mit dem Gesicht nach unten aufs Bett fallen. Sie zitterte wie Espenlaub und konnte lange keinen Gedanken fassen, sondern stöhnte und jammerte nur und wälzte sich von einer Seite auf die andere.

"Ville wird es erfahren, sie werden es ihm sofort erzählen! Oh, ich Unglückliche!"

Sie konnte die ganze lange Nacht nicht schlafen. Und am nächsten Tag traute sie sich nicht, aus dem Haus zu gehen. Sie ließ Liisa Holz holen und den Müll wegbringen, mehr hatte sie draußen nicht zu erledigen, denn das Wasser für diesen Tag hatte sie schon frühmorgens im Dunkeln vom Brunnen geholt.

Still und wortlos kümmerte sie sich um die Kinder und verrichtete die unvermeidlichen Arbeiten. Alle waren an diesem Tag ungewöhnlich schweigsam. Die Kinder wunderten sich, daß ihre Mutter nicht wie sonst mit ihnen sprach und sie weder ausschimpfte noch verwöhnte. Auch ihnen vergingen Fröhlichkeit und Zuversicht, und die Kleineren trauten sich nicht, einen Ton von sich zu geben, aber Liisas Blick richtete sich gelegentlich auf ihre Mutter. Gegen Abend, als sich Maria der Länge nach aufs Bett warf und das Gesicht zur Wand drehte, bemerkte Liisa deutlich, daß sie nicht schlief, sondern nur so tat. Das Geräusch war kein Husten, sondern –

Liisa näherte sich leise und reckte sich, um über die Bettkante am Fußende zu schauen und die Augen ihrer Mutter zu sehen. Sie waren geschwollen und gerötet.

Liisa ging zur Wiege zurück, drückte Yrjö ihre schöne Puppe in die Hand und flüsterte Mikko ins Ohr, daß er am nächsten Morgen ihren Anteil Zucker bekäme, wenn er jetzt ein ganz braver Junge sein würde. Wieder warf sie einen Blick auf ihre Mutter, und als sie diese immer noch weinen sah, stiegen auch ihr die Tränen in die Augen und liefen die Wangen hinunter. Sie wischte sie mit der Handfläche weg, so daß schwarze Streifen auf ihrem Gesicht zurückblieben. Davon merkte sie nichts, und auch ihre Mutter sah es nicht, weil sie aufstand und nicht dazu kam, Liisa anzusehen.

Maria war damit beschäftigt, die Uhr genau im Auge zu behalten, und während sich der Zeiger vorwärtsbewegte, begann sie auf etwas zu warten und zu hoffen.

Die Kinder schliefen endlich, alles war still, und es näherte sich die Uhrzeit, zu der der Gutsherr normalerweise erschien. Sie hockte auf einem Schemel und horchte.

Sie brauchte nicht lange zu warten, bis der Gutsherr mit seinem dicken Spazierstock in der Hand eintrat. Maria ging ihm entgegen.

"Da sind Sie ja!" stieß sie hervor.

Sie half dem Gutsherrn aus dem Mantel.

"Hast du mich schon vermißt?" lächelte der Gutsherr.

"Ich hatte solche Angst! Ich war den ganzen Tag in Sorge!"

"Fürchtest du dich vor der alten Hexe? Die soll ruhig noch mal kommen, dann schlage ich ihr mit diesem Stock den Schädel ein."

"Aber Ville erfährt es, und dann – " Sie rang die Hände und wagte nicht, laut zu sprechen – "dann ist alles verloren. Ich sitze in der Klemme."

"Mach dir nicht unnötig Sorgen – von deinem Mann hast du nichts zu befürchten. Er hat sich mit Zigeunern angelegt und liegt bewußtlos auf der Straße. Ich habe gerade ein Telegramm aus Kajaani bekommen, die Ladung und das Pferd sind glücklich angekommen."

"Ville – ihm ist unterwegs etwas passiert?" Maria sank auf einen Stuhl und starrte den Gutsherrn fassungslos an.

"Na und? Du wirst nicht in Schwierigkeiten kommen, selbst wenn du Witwe werden solltest."

Maria schoß der Gedanke durch den Kopf, daß das Gottes Strafe für ihre Sünde war, und Angst und Schrecken wollten sie überwältigen. Sie fiel vor dem Gutsherrn zu Boden und umklammerte seine Knie.

"Bitte, verlassen Sie mich nicht, Gutsherr, verlassen Sie mich nicht, machen Sie mit mir, was Sie wollen, aber verlassen Sie mich nicht!"

VII

Maria probierte ihr neues Kleid an, das nach dem Schnittmuster einer Modezeitung mit allem Drum und Dran maßgeschneidert war.

Sie nahm einen Spiegel zur Hand und begutachtete ihr Gesicht. Der Gutsherr machte ihr immer so nette Komplimente – nicht ohne Grund! Die Augenbrauen hätten schwärzer sein dürfen. Sie nahm ein Stück Kohle aus dem Ofen und zog sich damit leicht die Augenbrauen nach – nur ein bißchen für den Anfang, damit der Gutsherr es nicht merkte.

Sie würde nie in Not geraten, solange ihr ihre Schönheit erhalten blieb. Und wieso sollte die nicht erhalten bleiben – ? Die Kinder würde sie aufs Land schicken, wenn Ville sterben sollte. Der Gutsherr dachte sicher, daß er nicht lebend zurückkam. Sie litt keine Not!

Aber was hätte sie ohne den Gutsherrn getan? Sie würde schon lange Not leiden – und das als Witwe mit drei kleinen Kindern! Sie hätte sich an die Armenfürsorge wenden müssen. Sie schauderte bei dem Gedanken.

Maria nahm die Weinflasche aus dem Schrank, die der Gutsherr gestern abend mitgebracht hatte, und stellte sie und zwei Gläser auf den Tisch. Guter Wein – sie hatten gestern schon die Hälfte getrunken. Oder sogar noch mehr – ? Sie hielt die Flasche vor das Feuer, um zu sehen, wieviel noch drin war.

Schritte ertönten – der Gutsherr kam heute abend wohl früher. Die Tür ging auf, und Maria drehte sich um.

"Ville!"

Sie schrie nicht, sondern sagte nur leise seinen Namen. Aber die Hand, die sie auf den Tisch gestützt, zitterte, der Körper schwankte ein wenig, fiel jedoch nicht um.

Ein kurzer Moment der Stille folgte. Man hätte eine Nadel fallen hören.

Es war Ville, der in der Tür stand, Ville leibhaftig und lebendig, wenn auch blasser als früher.

"Guten Abend!" sagte er – mehr nicht.

Er stand wie angewurzelt in der Tür, als traute er seinen eigenen Augen nicht. Dann faßte er sich an den Kopf – phantasierte er vielleicht noch?

Und wieder sah er Maria an. In seinem Blick lagen eine Frage, Zweifel, Verständnislosigkeit und schließlich auch etwas Beängstigendes.

Maria fand endlich die Sprache wieder. Ihre Kehle war trocken, die Worte kamen als Krächzen heraus. "Wie ich mich erschreckt habe! Wann und wie bist du – sie sagten, du lägest dort noch krank darnieder – " Sie wurde verlegen und verstummte, dann fuhr sie leiser fort: "Komm her, warum stehst du dort so lange herum – "

Laut lachend ging sie auf ihn zu und wollte ihm die Hand reichen. Aber Villes Blick ließ sie stehenbleiben, ihr wurden wieder die Knie weich. Sie wußte sich keinen Rat.

"Wunderst du dich über das Kleid? Glaubst du, es sei mein eigenes?"

Sie lachte wieder dieses sonderbare Lachen, während sie nach einem passenden Themenwechsel suchte.

Ville wartete immer noch.

"Es ist das Kleid von Soininens Tochter. Es hatte einen Riß im Saum, und sie hat mich gebeten, es zu flicken. Ich habe es spaßeshalber anprobiert, um zu sehen, wie es an mir aussieht."

Ville beruhigte sich merklich, obwohl er immer noch keinen Ton herausbrachte. Maria begann, wieder etwas leichter zu atmen. Sie kehrte zu ihrer früheren spielerischen Art zurück: "Gib mir wenigstens die Hand! Es ist doch seltsam, sich nicht zu begrüßen, wenn man so lange von zu Hause weggewesen ist!"

Ville hängte seinen Mantel an den Nagel bei der Tür und betrat das Zimmer. Er schaute die Kinder an, die alle selig schliefen, Yrjö in der Wiege und die älteren nebeneinander in der Ecke auf dem Boden.

"Frieren die Ärmsten nicht, wenn sie nur so eine schlechte Decke haben?" fragte er.

"Das ist Liisas eigene Schuld", sagte Maria, "ich habe ihnen immer gesagt, daß sie noch diese alte Lodenjacke dazunehmen sollen!" Sie warf die Jacke über die Kinder.

Als sie sich danach umdrehte, hatte sich Ville dem Tisch zugewandt.

Maria erstarrte. Die Weinflasche und die Gläser – ! Jetzt saß sie in der Klemme!

Ville setzte sich wortlos auf einen Stuhl neben dem Tisch. Vielleicht hatte er sie nicht bemerkt? Er war abgemagert und gealtert, hatte tiefe Falten im Gesicht, die Augen lagen tief in ihren Höhlen, und seine Haut war grau. Er schaute ernst zu Boden, die Augenlider flatterten, sonst rührte er sich nicht. Maria versuchte zu ihm vorzudringen und zu erfahren, was er dachte. Warum sagte er nichts? Wenn ihm etwas nicht paßte, warum wurde er dann nicht wütend und polterte, so wie früher?

"Möchtest du etwas essen?" fragte sie schließlich.

"Nein", war die kurze Antwort.

Ville stand auf und nahm seine Mütze – er wollte nicht in die Stadt, denn er nahm nur die Mütze und nicht den Mantel.

Maria blieb im Zimmer. Sie schaute zur Uhr – der Gutsherr mußte jeden Augenblick hiersein! Sie öffnete die Tür einen Spalt weit – es war noch niemand da. Sollte sie ihm auf der Straße entgegenkommen? Sie mußte nur das Kleid wechseln. Sie zog ihr Kleid aus und hängte es an die Garderobe im Büro, damit es nicht zu sehen war. Sie zog ein neues Kleid an, aber in der Eile knöpfte sie es falsch zu, und als sie die Knöpfe gerade wieder aufmachen wollte ungeduldig an ihnen zerrte, ertönte draußen ein Schrei, bei dem ihr die Zähne klapperten.

Sie stürzte hinaus. Sie sah den Gutsherrn rücklings am Boden liegen, und auf ihm saß Ville, der ihm mit einer Hand die Kehle zudrückte und mit der anderen Hand seinen Dolch aus dem Gürtel zog. Maria schaffte es, ihm das Messer zu entreißen.

"Gib her, ich bring euch beide um", brüllte Ville und packte den Gutsherrn mit beiden Händen an der Kehle.

Maria schrie auf, weil sie glaubte, der Gutsherr sei tot. Katri stand in der Tür und jammerte. Aber aus dem Haus kamen Männer als Retter in der Not – sie trennten Ville von seinem Opfer und brachten ihn auf die Polizeiwache. Maria brachte dem Gutsherrn Wasser. Er stand auf, trank das Wasser und ging.

VIII

Im Gerichtssaal fand eine Verhandlung statt. Villes Fall wurde verhandelt. Der Gutsherr war persönlich anwesend und stand neben dem öffentlichen Ankläger, der das Protokoll der polizeilichen Untersuchung vorlas.

Ville stand ihnen gegenüber, hinter dem langen Tisch, in Sträflingskleidung und Fesseln. Sein Blick war unverwandt auf den Gutsherrn gerichtet, dieser versuchte ihm auszuweichen und sah zur Seite, manchmal nach rechts, dann wieder nach links, aber wenn er nicht daran dachte, begegnete er immer wieder dem gleichen starren, durchdringenden Blick.

Ville wurde versuchter Mord vorgeworfen. Wenn nicht seine Frau und die Bauersleute eingegriffen hätten, wäre ihm sein Vorhaben sicher geglückt. Er hatte den Kläger so gewürgt, daß dieser laut ärztlichem Gutachten noch mindestens einen Monat unter den Folgen leiden würde. Und der Ankläger forderte drei Jahre Zuchthaus für den Täter.

Der Gutsherr machte ein Gesicht, als hielte er eine härtere Strafe für angemessen. Er hatte dem Angeklagten Lohn und Brot gegeben, indem er ihn mit einer Ladung Ware zum Markt nach Kajaani geschickt hatte, hatte aus Wohlwollen ein Auge auf seine Familie gehabt, als der Angeklagte auf der Reise erkrankt war, und die Angehörigen so fürsorglich unterstützt, daß weder die Mutter noch die Kinder Hunger gelitten hatten. Die Undankbarkeit machte das Verbrechen doppelt so schlimm, deshalb mußte das Urteil auch doppelt so streng ausfallen.

Ville lachte kurz auf, biß dann aber die Zähne zusammen und zitterte.

"Was hat der Angeklagte dazu zu sagen?" fragte der Richter.

Ville antwortete nicht, er schien die Frage gar nicht gehört zu haben. Erst als der Richter sie wiederholte, erwiderte er eintönig: "Nichts."

Nachdem er eine Weile gewartet hatte, fragte der Richter wieder: "Hat der Angeklagte irgendeine Erklärung abzugeben?"

"Nein."

"Den Grund, aus dem – "

"Nein."

"Oder andere mögliche mildernde Umstände?"

Der Gefangene preßte die Lippen fest zusammen und blieb stumm. Der Richter wartete, denn er glaubte, daß er über eine Antwort nachdachte. Als diese ausblieb, fragte er wieder: "Haben Sie gar keinen Wunsch vorzubringen?"

Der Gutsherr murrte und runzelte die Stirn; seiner Meinung nach ging das Wohlwollen des Richters zu weit.

"Ich will nur ein schnelles Urteil", sagte der Beschuldigte.

Der Kläger wiederholte seine frühere Aussage, der Staatsanwalt seine Forderung in bezug auf das Strafmaß. Dann mußten alle Betroffenen den Saal verlassen, bis das Urteil verkündet wurde: Drei Jahre Zuchthaus für Ville.

Als der Gutsherr an diesem Abend zu Maria ging, hatte er eine Flasche besten Weines dabei.